Collection

souris noire

dirigée par
François Guérif

Les auteurs

De leur vrai nom Corinne Bouchard et Pierre Mezinski, ils écrivent ensemble depuis des années. Sous leur pseudonyme commun, ils ont publié des romans policiers pour la Série Noire et des histoires pour la jeunesse, et sous leur vrai nom des romans pour les grandes personnes. L'une vit dans le Nivernais, l'autre dans le Berry, ce qui ne les empêche pas de poursuivre, ensemble ou séparément, le cours de leurs écritures.

Des mêmes auteurs aux Éditions Syros

• *Le refuge des p'tits tout seuls*
• *Le crime de Cornin Bouchon*
• *Le nouveau crime de Cornin Bouchon*
• *Le Mariage de Cornin Bouchon*
Mini Souris noire

• *Aladdin et le crime de la bibliothèque*
• *Aladdin et la gare de Norvège*
• *Aladdin et la course au caillou*
Souris Noire

Marie et Joseph

La dernière course d'Atalante

Illustration de couverture
Jacques Ferrandez

souris noire

SYROS
jeunesse

Catalogage Électre-Bibliographie
Marie et Joseph
La dernière course d'Atalante – Paris : Syros, 2001. – (Souris noire poche ; 55)
ISBN 2-84146-901-8
Dewey : 811.5 : Albums et fiction. Romans. Aventures et voyages
Public concerné : Adolescents (à partir de 11 ans)

1

Y a mon frère qu'il tourne mal. C'est pas comme ça qu'on dit. Pardon : ce n'est pas comme ça. Mlle Rivière me le répète : « Dis les *ne*, les *il*, si tu manges tous les mots dans une phrase, on ne comprend plus rien. »

J'aime bien Mlle Rivière. Elle me fait le soutien scolaire et elle m'apprend à parler correctement. Enfin, elle essaie.

L'autre jour, j'ai failli lui dire, pour mon frère. Mais elle m'aurait répondu : « On ne dit pas "y a", on ne dit pas "qu'il" » et en avant la grammaire. Je voudrais parler correctement pour qu'on me comprend. Comprenne. Des fois, tellement y a pas quelqu'un qui me comprend, j'ai l'impression d'être pas de la même planète.

Pendant ce temps, y a mon frère qui tourne mal. Dans sa chambre, c'est tellement le bordel qu'on dirait la guerre. Tout est par terre, en tas, les habits, les cassettes, les CD, les chaussures, les emballages de chewing-gum, les boîtes de Coca. La seule chose qui ne traîne pas, c'est ses affaires de classe. Ses livres, bien au chaud dans le cartable, ils ne voient jamais la lumière.

Et plus moyen de lui parler. Tout le temps son Walkman vissé sur la tête, il fait semblant de ne pas entendre. Même à maman il ne parle pas, sauf pour demander de l'argent. Il dit que c'est pour s'acheter des trucs d'école, qu'il a perdu ci et ça, tu parles. En réalité il achète des cigarettes pour la bande de King Kaïra.

D'après moi, c'est une bande de guignols et rien d'autre, mais ils font peur à tout le monde dans le quartier. Il faut dire qu'ils ont une sacrée dégaine avec leurs cheveux ras, leurs tee-shirts imprimés de monstres et les deux grands K cloutés dans le dos de leurs blousons. Deux K en hommage à leur chef, qui se fait appeler King Kaïra, c'est dire s'il est débile. King Kaïra, n'importe quoi. Pourquoi pas Roi des Rats ? Il est un peu plus vieux que les autres, il a au moins vingt ans, des tas d'anneaux dans les oreilles et le nez, et tellement de chaînes accrochées à son blouson qu'on dirait un arbre de Noël. Un jour je lui ai demandé s'il s'entraînait pour faire épouvantail plus tard et il a voulu m'en mettre une, mais je cours plus vite que tout le monde, et lui avec sa quincaillerie il pouvait toujours s'aligner. Tellement je cours vite, Mlle Rivière m'appelle Atalante. Si des fois vous ne le savez pas, Atalante était la fille d'un roi de l'Antiquité, et elle était célèbre pour son agilité et sa rapidité. Personne n'arrivait à la rattraper.

Avec sa bande, King Kaïra aime faire peur aux gens. Ils tiennent toute la largeur du trottoir pour obliger les passants à descendre dans le caniveau. Ils font ça surtout aux petites vieilles, qui traversent à toute vitesse en serrant leur sac sur leur cœur. Avec Mlle Rivière ça ne marche pas. Une fois, je l'ai vue qui revenait du marché avec son cabas plein de légumes, le Roi des Rats et sa bande étaient là à jouer les terreurs, elle a continué son chemin tout droit sans dévier d'un centimètre, et c'est eux qui se sont écartés comme s'ils avaient peur qu'elle leur donne des coups de poireau. Dans un sens, ça ne m'a pas étonnée : ils font les mariolles seulement avec ceux qui n'osent pas se rebiffer. Dès qu'on leur montre un peu les dents, ils s'écrasent.

L'idée qu'Angel fréquente ces tarés, j'en suis malade ! Et ça me fait peur, parce qu'on sait bien comment King Kaïra s'y prend pour admettre des nouveaux dans sa bande. Il leur donne un coup à faire, jeter des pierres à un bus, voler des bouteilles au supermarché, des trucs comme ça. Un tas d'imbéciles ont eu des ennuis avec la police pour ses beaux yeux, et ceux qui ne se sont pas fait prendre, c'est pire : ils sont devenus les séides de King Kaïra, bons pour lui lécher les bottes et obéir à tous ses caprices. Un séide, c'est un homme d'un dévouement aveugle et fanatique à son chef, j'ai appris ça en travaillant le vocabulaire avec Mlle Rivière. Qu'il y ait un mot précis pour définir les pauvres crétins aux ordres de King Kaïra, je trouve ça fou.

Mais le plus fou, et le plus affreux, c'est que mon jumeau rêve d'en faire partie... Jusque-là, je ne voulais pas y croire, mais il faut bien que je me rende à l'évidence. Tout à l'heure, comme je rentrais du soutien scolaire, je vois Angel en grande conversation avec King Kaïra. Mon frère avait la tête basse et l'autre lui parlait comme à un chien. Ça m'a fait tellement honte que j'ai foncé sur eux et de loin je crie à Angel :

– Qu'est-ce que tu fabriques ? Tu sais bien que maman nous attend !

C'était faux, évidemment. Maman travaille toute la journée en ville, avec les transports, elle n'est jamais rentrée avant huit ou neuf heures. Mais que croyez-vous que répond Angel ? Et furieux, par-dessus le marché, comme s'il allait me battre !

– Tire-toi ! T'as rien à faire ici ! Rentre à la maison !

Bon sang ! La rage me prend, et je lui crie :

– C'est pour te faire bien voir du gros roi Caca que tu me parles comme ça ? Pauvre tache !

– Mais... elle me traite ! crie King Kaïra. Il fait un mouvement pour se jeter sur moi, trop tard, j'étais déjà loin. Pour la vitesse de décollage, je suis imbattable. « Rattrape-la ! » crie King Kaïra à mon frère, qui se met à ma poursuite. Ça c'est le bouquet ! Angel est la seule personne qui puisse m'avoir à la course, en sprint je lui fais manger ma poussière, mais sur la distance souvent il réussit à me remonter. Heureusement j'avais de l'avance, et il a dû faire exprès de ne pas forcer, parce que je l'ai semé tout de suite. Je suis arrivée hors d'haleine à la maison, et j'avais juste fini de pleurer un bon coup quand il est rentré. Tout de suite il attaque :

– T'es pas folle de parler comme ça à King Kaïra ? Qu'est-ce que tu cherches ? Une raclée ?

– Et toi, t'es pas fou de cirer les pompes à ce guignol ? Qu'est-ce que tu dois faire pour entrer dans sa bande ? Taper un petit ? Voler de l'argent à maman ? Qu'est-ce qui t'arrive, Angel, je ne te reconnais plus !

– Fous-moi la paix ! C'est pas ce que tu crois, mais fous-moi la paix !

Il est allé s'enfermer dans sa chambre, il a mis Ben Harper à fond pour me décourager de lui parler. Jamais de notre vie ça n'est arrivé qu'Angel me cache quelque chose, jamais. Alors j'ai claqué la porte et j'ai couru d'une traite chez Mlle Rivière.

2

Elle habite une des dernières maisons du quartier des maraîchers, un petit bout de bicoque coincé entre un garage et un jardin minuscule. Elle a toujours habité là.

Elle se souvient du temps où la cité n'existait pas, où il n'y avait que des jardins potagers à la place des immeubles, et où on allait en ville à pied, en traversant la plaine. Maintenant, ça paraît incroyable.

On a fait connaissance au soutien scolaire. Au début je me méfiais : elle est tellement vieille, je me disais qui c'est cette mémé. Et puis j'ai vu que de tous les bénévoles, c'est elle qui expliquait le mieux. En vocabulaire surtout, elle était imbattable. Et moi qui ne parlais à personne, à force de chercher des mots avec elle, j'ai fini par lui raconter plein de choses... Finalement, un jour qu'on travaillait la grammaire et que je ne comprenais rien de rien tellement j'en avais ras, elle m'a emmenée chez elle et elle m'a fait un gâteau. Après, les participes passés, ça rentrait tout seul.

Cette fois, en m'ouvrant sa porte, elle s'est étonnée : « Tiens, ma petite Atalante ! Tu tombes bien, j'ai un service à te demander. Mais... tu as pleuré ? »

J'aurais dû m'en douter, elle remarque tout. Alors ça s'est remis à couler les yeux le nez et je lui ai tout déballé, maman qu'elle travaille trop, mon frère qu'il tourne mal, King Kaïra ses séides enfin tout, en vrac et sans grammaire, qu'est-ce qu'elle pouvait comprendre mystère. Mais elle m'a écoutée sans corriger une seule faute et quand j'ai eu fini elle a dit : « Ne perdons pas le nord », et elle a fait de la pâte à crêpes.

En même temps, elle m'a dit :

– Je crois que tu te fais trop de souci pour ton frère. Il est moins hardi que toi, mais il n'a pas mauvais fond. C'est difficile pour un garçon de grandir dans ces parages. On ne leur propose que des rôles idiots. Ne t'inquiète pas. Il traverse peut-être une mauvaise passe, mais ça finira par s'arranger.

Ça m'a fait du bien, même si je n'y croyais guère. Elle n'avait pas vu l'air soumis d'Angel quand King Kaïra lui parlait, ni son air furieux quand il m'avait crié après. Mais autant de changer de sujet.

– C'est quoi que vous vouliez me demander ?

– On ne dit pas « c'est quoi que ». On dit...

– Oui, enfin, c'est quoi ?

J'ai été drôlement flattée quand elle m'a expliqué. Elle allait s'absenter une quinzaine de jours, et elle comptait sur moi pour m'occuper de Moustachat, son beau matou tigré.

– Tu n'auras qu'à passer après tes cours pour lui donner à manger. Surtout, ne le laisse pas sortir : tu as vu comme il est arrangé ?

Moustachat avait un gros pansement en travers du crâne qui lui faisait comme un casque de sparadrap, et l'air empoisonné. Il ne pouvait même pas se gratter à sa guise : sa patte droite était bandée jusqu'à l'épaule. Il y avait aussi des trous dans sa fourrure, des plaques de poils arrachées.

– Qu'est-ce qui lui est arrivé ?

– Il s'est battu avec un autre chat, je pense. Et il s'est fait bien mordre. Mais il n'y a pas que ça... Il a sûrement reçu une pierre. Là.

Elle effleurait le pansement de son crâne. Moustachat avait les moustaches en radar, l'air inquiet et sonné. Mlle Rivière s'est mise à lui gratter le menton.

– Ça m'embête de te laisser, mon gros père, mais Atalante va s'occuper de toi. Tu seras en de bonnes mains.

Elle m'a expliqué pourquoi elle s'absentait : une très ancienne amie de pension, qu'elle avait plus ou moins perdue de vue, venait de la contacter pour l'inviter à passer les vacances de Pâques en Corse. L'amie avait loué une maison assez grande pour rassembler leur bande de copines d'autrefois, et toutes avaient promis d'être au rendez-vous.

– Je n'aime pas beaucoup bouger, mais c'est probablement la dernière fois que j'aurai l'occasion de les revoir. À mon âge, on a besoin de retrouver les témoins de sa jeunesse et de se rappeler des souvenirs... Il nous reste si peu de temps...

Je l'ai regardée, consternée. Ça me glace le sang de penser que Mlle Rivière n'a sûrement plus beaucoup d'années à vivre... Comme d'habitude, elle a dû lire mes pensées à travers mon crâne, car elle m'a tapoté la joue en souriant :

– Ne t'en fais pas pour moi. Ça ne va pas m'arriver tout de suite. Et puis même... Tu sais, quand on est vieux, on se détache de beaucoup de choses. Ce monde-là... (un petit geste pour la cité tout autour), je n'y ai plus ma place. Alors...

Elle a enchaîné en revenant à Moustachat, qui la tracassait beaucoup. C'était malheureux qu'il ait choisi ce moment pour ramasser une peignée : le vétérinaire avait désinfecté les plaies, tout nettoyé, laissé les blessures bien propres, mais l'hématome à la tête était à surveiller de près.

– Pas question qu'il sorte tant que sa blessure ne sera pas complètement guérie. Ça ne va pas lui plaire, mais tant pis. Il faudra bien qu'il prenne son mal en patience. Passe-le voir en sortant du collège.

J'ai dit que moi aussi, j'allais être en vacances.

– Ça tombe bien. Tu serais gentille de rester un peu pour lui tenir compagnie, qu'il ne se sente pas abandonné... Tu n'auras qu'à t'installer avec un livre... Ça ne t'ennuie pas ?

Si ça m'ennuyait ? Avoir la maison pour moi toute seule ? Tous les après-midi si je voulais ? Pour un peu, j'aurais sauté de joie.

Mlle Rivière m'a fait ses dernières recommandations, m'a expliqué où étaient les choses, les croquettes pour moi, les gâteaux pour Moustachat ou l'inverse, je n'écoutais rien. Puis elle a mis plusieurs billets sur le coin du bahut et un gros galet dessus.

– Je te laisse de l'argent, au cas où tu aurais besoin de faire venir le vétérinaire.

– Y en a pas trop ?

– J'aime mieux qu'il y ait trop que pas assez. Il faudra peut-être que tu rachètes des provisions. Je ne sais pas exactement combien de temps je resterai là-bas. On verra. Je te téléphonerai de temps en temps pour prendre les nouvelles. Tu crois que tu t'en tireras ?

J'ai hoché la tête. Elle m'a remis un trousseau de clés. J'ai écouté à peu près cent mille recommandations supplémentaires et je suis partie, regonflée comme un pneu neuf. Dans les rues, il y avait moins de voitures, moins de gens, un petit vent avait chassé les gaz d'échappement et il flottait comme un air de printemps. Pour rentrer au bloc, j'ai couru tout du long, pas vite, en travaillant mon souffle.

3

Les vacances commencent tranquillement. Tous les matins, je vais courir le long du canal, dans la zone de loisirs qui est le meilleur endroit pour s'entraîner : il y a un bois coupé d'allées cavalières, de l'herbe, des peupliers, et même un vieux bras du fleuve bordé de galets.

Les galets, pour s'endurcir les chevilles, il n'y a pas mieux : à côté, n'importe quelle piste c'est de la plume. Et il faut bien que je m'entraîne à mort si je veux avoir une chance de gagner la course « Jeunesse voyageuse ».

C'est un prix qui donne à des jeunes sportifs des cités une occasion de voyager ; les vainqueurs gagnent une semaine de vacances dans un pays d'Europe. Cette année, le séjour aura lieu en Écosse : j'en rêve. J'ai vu des photos, de grandes landes couvertes de bruyère, et pas une maison, pas un immeuble, pas une clôture à perte de vue : je ne sais pas ce que je donnerais pour voir un pays comme ça de mes yeux. Veau, vache, cochons, couvée ! dirait Mlle Rivière. Encore faut-il que je gagne la course de sélection à la rentrée, et comme tous les clubs d'athlétisme présentent leurs champions, ça ne sera pas facile.

Au début que je cours, tout ça tourne encore dans ma tête, avec les soucis pour Angel et le reste. Quand j'arrive sur les galets, je ne pense plus qu'à surveiller l'espace où je mets les pieds, à garder les jambes souples, à maîtriser mon souffle. Au retour, je suis crevée, mais j'ai la tête vide et c'est bien.

L'après-midi, je vais babissiter Moustachat chez Mlle Rivière. C'est fou comme ça me repose. Je m'installe sur le divan, je lis les livres que Mlle Rivière m'a mis de côté. Il y en a un surtout que je relis sans arrêt, l'histoire d'une fille qui s'appelle Josyane et qui vit dans une cité aussi, près de Paris, à l'époque où on commence à en construire. Au début, elle rêve d'autre chose, mais finalement elle tombe amoureuse d'un type et on sent qu'elle va se laisser avoir et mener une vie débile comme tout le monde. Alors je me dis que pour moi ça ne sera pas comme ça, moi je ne me laisserai pas avoir.

Et donc les vacances se passent aussi bien que possible, quand brusquement les choses se gâtent.

Je cours au petit trot dans la partie boisée du parc quand je m'avise qu'une mobylette me suit. Je n'en ai pas pris conscience sur le coup, mais ça fait un moment que j'entends un ronflement de moteur derrière moi – toujours derrière. Ce n'est pas normal. Je suis rapide, d'accord, mais quand même, une mobylette honnête aurait dû me doubler depuis longtemps. Alors je fais quelques expériences. Je m'arrête pour faire des élongations : le moteur se tait. Je repars au galop : le moteur vrombit. Encore deux ou trois vérifications, et j'en ai la certitude : il y a bien quelqu'un qui me suit, sans jamais se montrer. C'est ça qui me fait le plus peur. Je réalise brusquement qu'on est là comme dans une forêt, que personne n'entendra si j'appelle, et que, comme une idiote, je m'enfonce dans la partie la plus déserte du bois. C'est probablement ce que le type attend. Je suis au bord de la panique, mais je me force à marcher posément, en respirant à fond. J'arrive comme ça à un tournant de l'allée, et je profite du moment où je dois être hors de vue pour piquer le sprint de ma vie dans les bois. Je cavale entre les arbres aussi loin que je peux et je tombe hors d'haleine derrière un tronc assez gros pour me cacher. J'ai à peine le temps de me blottir, et je vois passer la fameuse mobylette, qui roule doucement. Elle prend le tournant. Là le type doit comprendre que je l'ai semé, car j'entends le moteur s'emballer d'un seul coup. Il ronfle, s'éloigne, devient presque inaudible... et juste comme je vais sortir de ma cachette, je l'entends qui revient. Pas de chance, la mobylette s'arrête au milieu de l'allée, à peu près à ma hauteur. Je suis trop loin pour distinguer les traits du type, je ne vois qu'une silhouette mince et des cheveux blonds, mais il fait soudain quelque chose qui me glace le sang : il met ses mains en porte-voix, et il crie :

– ... Ara !... Lara !

Il crie mon nom. Ce n'est donc pas, comme je l'ai cru d'abord, un rôdeur pourchassant au hasard la première fille qu'il croise. C'est quelqu'un qui me connaît. Qui m'a suivie délibérément. Dans des intentions suspectes, forcément : sans quoi, il m'aurait abordée carrément, au lieu de se donner tout ce mal pour me suivre à distance. Mais s'il tenait tant à rester invisible, comment se fait-il qu'il m'appelle maintenant ? Je n'y comprends rien. Est-ce qu'il me croit assez bête pour lui répondre ?

Quand il en a assez de s'égosiller en pure perte, il remonte sur son engin et fiche le camp. J'entends avec soulagement le moteur qui s'éloigne. Mais je me méfie : il pourrait bien me rendre la monnaie de ma pièce et m'attendre à un tournant. Je reste donc sous le couvert des arbres, je marche dans le bois l'oreille tendue, sur le qui-vive, et la moindre branche qui craque me fait sursauter. Dans ces conditions, il me faut un temps infini pour sortir du parc. Du moins je ne fais pas de mauvaise rencontre.

Tout ça ne m'a pas mise en avance. Et, de retour en ville, en sécurité sur les trottoirs, je me traîne. Je n'ai plus de jambes. Quand j'arrive à l'immeuble, c'est tout juste si je ne m'effondre pas dans l'ascenseur. J'ai juste le temps de penser que c'est pas comme ça que je vais gagner l'Écosse, la porte de l'appartement s'ouvre à la volée, et Angel me tombe dessus.

– Te voilà ! Ça fait une heure que je t'attends !

D'accord, j'avais dit que je serais rentrée avant midi et que je m'occuperais du repas. D'accord, c'est presque une heure, et les nouilles que je devais ramener sont toujours dans le magasin. Mais comme accueil, ça tombe mal. Si Angel se met à me crier après, je n'ai plus qu'à m'asseoir par terre et pleurer. Du reste, dès qu'il voit ma tête, il me serre contre lui. Ça fait longtemps que ça n'était pas arrivé. Qu'est-ce qu'il répète, cet idiot ? Qu'il a eu si peur ? Pas tant que moi. Mais pourquoi a-t-il eu si peur, lui, au fait ? Il ne peut pas savoir ce qui m'est arrivé...

Je le lui raconte pendant qu'il fait cuire du riz. À peine j'ai commencé de raconter le coup du type en mobylette qu'il devient tout pâle. Ce que je dis n'a pas l'air de le surprendre. Je le presse de questions, et je finis par apprendre ce qu'il m'avait si bien caché jusque-là.

Je figure sur la liste noire de King Kaïra. Ça veut dire que je suis surveillée par sa bande de guignols, et qu'ils attendent leur heure pour me coincer. Il paraît que je leur ai trop souvent manqué de respect, qu'ils n'aiment pas les filles qui la ramènent, etc. Depuis quelque temps, Angel inquiet se faisait taxer pour qu'ils me laissent tranquille, mais si quelqu'un m'a suivie dans le parc, ça pourrait bien indiquer que King Kaïra a décidé qu'il est temps de m'apprendre la vie.

Il n'y a pas si longtemps, j'aurais répondu : « Faudrait déjà qu'il m'attrape ! » Après la peur que j'ai eue dans le bois, je n'ai pas envie de faire la maligne. Je ne dis rien, je réfléchis.

– Faut plus que tu ailles courir seule, dit Angel. Reste toujours où il y a du monde.

– Tu n'as qu'à venir courir avec moi. Ça t'entraînerait aussi. Si on gagnait l'Écosse tous les deux, ça serait génial...

Il hausse les épaules.

– Tu crois pas qu'on a d'autres soucis...

Je regarde mon frère et je n'aime pas ce que je vois. Il a l'air inquiet et découragé. Je réalise à retardement qu'il a vraiment peur pour sa petite sœur. Il faut reconnaître ça à King Kaïra, c'est un bon manipulateur. Je suis sûre que s'il était seul en cause, Angel ne se serait jamais laissé piéger aussi facilement. Mais le jour où il a filé son premier paquet de cigarettes à King Kaïra pour qu'on ne m'embête pas, c'était fini : l'autre n'avait plus qu'à exploiter le pigeon.

« Pourquoi tu ne m'en as pas parlé plus tôt ? »

Il hausse les épaules. Il dit qu'il ne voulait pas m'affoler, qu'il avait peur que, tête de mule et casse-cou comme je suis, j'aille exprès provoquer King Kaïra, il espérait que les choses finiraient par s'arranger toutes seules... Je laisse dire. S'il y a une chose dont je suis certaine, c'est que les choses ne s'arrangeront pas toutes seules. Mais, depuis que je sais d'où sort le type des bois, j'ai repris du poil de la bête. J'aime mieux une menace précise que d'imaginer je ne sais quoi. Je pense à une conversation que j'ai eue avec Mlle Rivière. Au collège, on nous avait donné un devoir sur la violence, et je lui parlais des bouffées de rage qui me viennent parfois. Elle m'a répondu : « Tu es une petite Atalante très sauvage et un peu trop téméraire. Et tu vis dans des parages violents. Moi, tout ce que je te conseillerais, c'est de ne jamais attaquer. C'est la fierté des forts, de ne pas attaquer. En revanche...

– En revanche quoi ?

– Si on t'attaque, défends-toi.

4

Après le repas, Angel est venu avec moi chez Mlle Rivière. C'était la première fois qu'il m'accompagnait. Je pensais qu'il allait vouloir visiter la maison, pas du tout : il y avait à peine mis les pieds qu'une seule chose l'intéressait, Moustachat.

Incroyable. Stupéfaite, je regarde mon Angel accroupi devant le chat et le pattiaudant sous toutes les coutures en lui murmurant des mots d'amour. « Eh ben, gros père, qu'est-ce qui t'est arrivé ? T'as mal, ma bête ? Oh le pauv' pauv' chat... » Et le chat Moustachat, qui est assez sauvage et qu'on ne tripote pas comme ça – j'en sais quelque chose, ayant même renoncé à examiner ses pansements tant le moindre geste le rend nerveux –, le chat Moustachat, donc, se laisse faire et tend le cou en plissant les yeux de bonheur. Je l'ai déjà vu heureux comme ça avec Mlle Rivière, mais avec moi, jamais. Pour tout dire, je suis vaguement vexée. C'est bien la peine de lui avoir ouvert tant de boîtes et nettoyé tant de gamelles !

D'un autre côté, je n'aurais pas dû être surprise : Angel a un truc avec les bêtes. On n'en a jamais eu à nous, maman dit que ce n'est pas possible en appartement, mais partout où on en a rencontré, ça se passe de la même façon : les chiens de garde viennent voir Angel en frétillant de la queue, les chats lui montent sur l'épaule, c'est tout juste si les canaris ne se mettent pas à chanter quand il s'approche de la cage.

– C'est vraiment des chacals, dit-il brusquement.

– Qui ça ?

– Ceux qui lui ont tiré la pierre.

– Comment tu sais que c'est une pierre ?

Il hausse les épaules. Il ne faut pas être malin pour deviner comment Moustachat a gagné son casque de sparadrap. Le sport qui consiste à dégommer les chats est assez répandu par ici. C'est un des divertissements de la bande à King Kaïra, par exemple. Je peux au moins être sûre d'une chose : Angel n'ira jamais jusque-là.

Ça nous ramène à nos moutons, et je passe l'après-midi à cuisiner mon frère. Je veux lui faire dire tout ce qu'il sait sur King Kaïra. Forcément, les garçons se connaissent mieux entre eux, et depuis le temps qu'il se fait taxer pour me protéger, il a peut-être appris des trucs que j'ignore. De fait, il en sait beaucoup plus long que je n'aurais cru, et même, ça m'inquiète un peu. Par exemple, il sait où King Kaïra a sa planque. C'est un hangar tout au bout de la zone commerciale, derrière une boîte de nuit où le Roi des Rats travaille comme disc-jockey. Pour que Angel, qui est toujours dans la lune, ait découvert ça, il faut qu'il ait fréquenté la bande de King Kaïra de bien près, ou que les autres le croient vraiment embringué avec eux. Ça se paiera, avec le reste.

Angel croit que je lui pose toutes ces questions parce que j'ai peur. Il me fait jurer cent fois d'être prudente, de me méfier, de rester sur mes gardes, et je lui promets tout ce qu'il veut. J'ai bien l'intention d'être prudente. Mais si King Kaïra s'imagine qu'il va me faire ramper à ses bottes, il se fourre le doigt dans l'œil, et toutes ses bagues à tête de mort avec.

5

On n'a pas eu à attendre longtemps avant qu'ils nous tombent dessus. Deux jours après cet épisode, ça y était.

L'après-midi, Angel et moi allons ensemble chez Mlle Rivière. Lorsqu'on en sort, sur le coup de sept heures, on ne fait pas trois pas que King Kaïra et ses sbires déboulent en moto. Ils nous foncent dessus, freinent au dernier moment, barrent la rue avec leurs engins. Angel et moi, on se fige. J'ai encore à la main les clés de Mlle Rivière, je viens juste de fermer la porte.

– Péage ! ricane un type en avant des autres.

C'est un roux, genre roquet, qu'on appelle Staf je crois ; dans la bande, c'est souvent lui qui cause. Les autres, c'est pas des orateurs.

Je jette un coup d'œil à King Kaïra, qui trône, comme il se doit, sur une moto deux fois plus grosse que les autres. D'habitude, il ne se compromet pas dans ce genre de besogne. Il laisse faire les autres et se contente d'empocher la monnaie. Mais, cette fois-ci, il pousse sa bécane en avant et s'adresse directement à moi :

– Qu'est-ce que c'est que cette baraque ?

– C'est la maison d'une tante.

– Sans blague ? T'as une tante qui s'appelle Rivière ?

– Exactement. J'ai une tante, qui doit être en train d'appeler les flics en ce moment même.

Il jette un coup d'œil sur les volets fermés en plein jour et ne prend pas la peine de relever mon mensonge. Pour connaître le nom sur la boîte aux lettres, il faut qu'il se soit déjà renseigné. Probablement Angel et moi avons été suivis les jours précédents. Il doit savoir que la maison est vide. C'est bien le problème. Dans une seconde, il va me dire : « File-moi les clés », enverra un de ses sbires me les prendre de force si je résiste, et ce sera trop tard.

Il en est encore à ouvrir la bouche pour dire « File-moi... » que j'ai déjà décollé. Pas dans la rue, où on n'aurait aucune chance contre des motos. Je me jette dans un petit passage étroit entre la maison de Mlle Rivière et le garage désaffecté. Il ne fait pas plus d'un mètre de large, il est plein de gravats et d'orties, car plus personne n'y passe depuis belle lurette ; mais je sais qu'il traverse le pâté de maisons en longeant les jardins. Par là, les motos ne pourront pas nous suivre, on a peut-être une petite chance.

J'ai crié « Angel ! » pour alerter mon frère, il me suit au quart de tour. Les autres en sont encore à descendre de leurs engins. Harnachés comme ils sont, bottes, chaînes et compagnie, ça leur prend du temps. On devrait avoir juste assez d'avance pour s'en sortir...

C'est là où j'apprécie mon entraînement à la course sur galets. Je bondis comme une gazelle entre les caillasses et des détritus qui encombrent le sol. Derrière moi, Angel a l'air de peiner davantage. Je l'entends même pousser un cri de douleur.

Je me retourne, je vois d'abord son visage grimaçant, et puis, plus loin, les types qui nous poursuivent. Celui qui vient en tête a les cheveux teints en blond, je crois bien reconnaître mon poursuivant du parc. Décidément, il m'en veut celui-là. Les autres sont loin derrière, autant dire déjà semés. Mais King Kaïra a peut-être pensé à foncer dans l'autre rue en moto pour nous cueillir à la sortie... Il me semble bien avoir entendu des ronflements de moteur.

J'avise une trouée dans une haie de thuyas, je me faufile, Angel sur mes talons. Nous voilà dans un jardin avec un bout de pelouse, un puits en pneu et des cigognes en plâtre. On le traverse au galop, on piétine une plante-bande vide, on saute par-dessus un muret, on tombe dans un grand potager, et là, pas de chance, un chien nous fonce dessus en aboyant à pleine gorge.

Ce n'est pas un dangereux molosse, mais une espèce de cocker noir. Pas de danger qu'il nous morde, seulement il va ameuter tout le quartier, cet idiot ! Sans parler de nos poursuivants !

– Tais-toi, chien, dit Angel en tendant sa main au cocker. Tais-toi, s'il te plaît.

Le cocker la boucle illico et se met à renifler la main d'Angel. Trop tard. La porte de la maison s'ouvre, une femme demande : « Il y a quelqu'un ? » puis, en nous découvrant dans son jardin : « Qu'est-ce que vous faites là ? » En même temps, Angel chuchote : « Lara, je ne peux plus courir, je me suis tordu la cheville... »

Je prends vite mon parti. Je pousse Angel en avant, je m'élance vers la bonne femme qui recule, nous entrons tous les trois dans la maison et je claque la porte. Le cocker aussi nous a suivis.

– Excusez-nous, madame, dis-je. Il y a des types qui veulent nous racketter, on s'est sauvés par les jardins, ils nous courent après, alors voilà.

La bonne femme n'en revient pas. Sans dire un mot, elle tourne la clé dans la serrure et met une chaîne de sûreté. Elle nous regarde,

Angel et moi, l'un après l'autre, toujours muette. Elle doit se demander quel genre de voyous on est, si on ment pour s'introduire chez les gens ou quoi. Heureusement, Angel a une bonne tête. Moi, j'ai l'air plus brigande, mais lui, on voit bien qu'il est incapable de faire du mal à une mouche. Il a la main sur le crâne du chien, qui ne le quitte pas d'une semelle et le pousse de la tête pour se faire caresser.

Pétarades de moto dans la rue. La bonne femme et moi, on s'approche d'une fenêtre, on voit passer la bande de King Kaïra.

« C'est eux, dis-je. Ceux qui nous cherchent. »

Elle hoche la tête, reste aux aguets. Quelques instants plus tard, la pétarade se fait entendre de nouveau en sens inverse. La bande déboule et passe en trombe. Les moteurs s'éloignent... Plus rien. On attend encore... Mais il n'y a plus que des voitures qui circulent.

– Partez, maintenant, dit la femme. Puis, après une hésitation : Vous voulez que je vous raccompagne ?

Visiblement, elle n'en a guère envie. Je dis oui quand même. Si Angel s'est amoché une cheville, autant lui éviter de marcher. Sans parler du risque de se faire repincer par King Kaïra.

La bonne femme nous dépose au pied de notre immeuble. Elle ne dit pas un mot de tout le trajet. Juste, au moment où on descend et que je la remercie : « Je n'aurais jamais cru ça possible. » Je ne sais pas de quoi elle parle. Elle regarde la cité, les immeubles, les parkings, elle hoche encore la tête, répète : « Je n'aurais jamais cru ça possible », et pof, elle s'en va.

6

À Avant toute chose, il faut que je me renseigne sur l'ennemi. Peut-être découvrirai-je quelque chose d'utile. Puisqu'ils ont l'air de m'avoir oubliée, à mon tour de me mettre en chasse.

Je finis par aller carrément voir à quoi ressemble l'entrepôt dont Angel m'a parlé et qui sert de planque à King Kaïra.

C'est au fond de la zone commerciale, là où la ZUP laisse place à de grands terrains vagues. Comme c'est un des rares espaces dégagés du secteur, à une époque, j'allais courir de ce côté-là, mais j'ai vite arrêté : le décor est vraiment trop sinistre. Le coin est toujours en chantier. On y fait des travaux de terrassement, il est question d'aménager une rocade, un échangeur ou quelque chose comme ça.

Dans la zone commerciale, en façade le long du boulevard se trouvent des magasins de carrelage et de meubles. Quand on ne fait que passer, on a l'impression qu'il n'y a rien derrière, et on se trompe : derrière, c'est un pâté d'entrepôts dont beaucoup portent une pancarte « à louer ». Tout un coin est occupé par des brocantes et autres dépôts-ventes. Le *Venus Metallica Club*, la boîte de nuit où travaille King Kaïra, se situe dans ces parages, à côté d'une solderie de vaisselle.

J'entre dans le magasin en question comme une honnête cliente, je le traverse d'un air dégagé, et je me glisse dans l'arrière-cour par un passage signalé « interdit au public ». J'ai l'impression que je risque moins de me faire repérer en passant par le magasin plutôt qu'en déboulant directement sur le parking du *Venus Metallica*.

Apparemment, j'ai de la chance : pas un scooter, pas une mobylette, aucun deux-roues devant cette bonne vieille Vénus métallique. Ça veut dire que les loups n'y sont pas. Du reste, ce n'est pas la boîte de nuit qui m'intéresse, mais l'entrepôt situé juste derrière qui, d'après Angel, sert de planque et de quartier général à King Kaïra. Je traverse le parking au galop, je contourne la boîte de nuit, et je tombe effectivement sur une sorte de petit hangar collé au flanc du club. Il y a une porte en tôle épaisse, soigneusement cadenassée. Je fais le tour du bâtiment pour chercher une fenêtre, une lucarne, une ouverture quelconque, sans rien trouver. Et juste comme je reviens bredouille, je me fige : des motos pétaradent. Deux, exactement, qui s'arrêtent l'une après l'autre devant l'entrepôt. Je suis au bord de la panique : si jamais un des arrivants a l'idée de faire le tour de la bâtisse, je suis cuite : il n'y a pas le moindre endroit où se cacher.

J'entends des cliquetis de métal comme ils décadenassent la porte. Une fois qu'ils sont à l'intérieur, j'ose avancer un peu, et je pèse mes chances : faut-il rester immobile, en attendant qu'ils décanillent comme ils sont arrivés, ou dois-je profiter du moment où ils sont occupés à l'intérieur pour traverser le parking au galop jusqu'à la solderie de vaisselle ? Une fois dans le magasin, mêlée aux clientes, je serai en sécurité... Encore faut-il y arriver sans se faire voir...

J'avance à pas de loup jusqu'à l'angle de l'entrepôt, je me prépare à décoller comme une fusée... et je manque tomber raide. Les voilà justement qui sortent. Ils s'arrêtent devant la porte, j'entends leurs voix toutes proches, je vois même leurs ombres que le soleil étire démesurément sur le sol. Je m'aplatis contre le mur, de façon à donner le moins de prise possible aux regards, et je tâche de me rendre invisible. Ça marche, on dirait. Tandis que je reste en apnée, sans oser bouger un cil de peur que le moindre mouvement me trahisse, eux, ils poursuivent tranquillement leur conversation.

D'abord je n'y comprends pas grand-chose : ils parlent de gens que je ne connais pas et d'affaires dont j'ignore tout. Mais je manque tomber raide une deuxième fois : brusquement, il est question de moi. Une voix qui pourrait bien être celle de Staf demande :

– Et avec la frangine de l'ange, où t'en es ?

– C'est bon, répond l'autre voix, elle est clean.

– Sans blague !

Staf n'a pas l'air d'y croire. Pourtant, il ne peut pas être plus étonné que moi : moi, je suis clean ? Ça veut dire quoi ?

– À ta place, reprend Staf, je ferais gaffe. Cette fille, elle t'amènera que des ennuis.

– Pourquoi ?

– Pasque ça m'étonnerait qu'elle soit clean. Je sais pas qu'est-ce qu'elle lui a fait, mais il l'oubliera pas comme ça.

Il, c'est Kaïra, bien sûr. Ce cher vieux Roi des Rats. Le patron. Comme ils disent, eux : King.

– S'il apprend que tu veux sortir avec elle, King va te mettre une taxe, reprend Staf. Tu sais comme il est. Remarque, si t'es prêt à raquer pour une meuf, ça peut être le bon moment. Avec le plan à Dongo qu'a foiré, King a besoin de faire rentrer de la thune... Seulement faudrait bien lui faire comprendre, à elle, qu'elle a pas intérêt à ramener sa grande gueule. Sinon...

– Ouais ouais, t'inquiète... Mais dis donc, pour le plan à Dongo, tu crois que c'est vraiment foutu ? Y a peut-être moyen de rattraper le truc...

Ce garçon met un certain empressement à changer de conversation, il me semble. Il est encore question du nommé Dongo, et d'histoires auxquelles je ne comprends pas grand-chose. Finalement, ils reprennent leurs motos et les voilà partis. J'ai les jambes tellement molles que je manque m'affaler en regagnant la solderie de vaisselle. Dans un coin, il y a un tas de poufs en plastique en promotion auquel personne ne s'intéresse. Je m'effondre sur un pouf, je prends le temps de me remettre. Heureusement, c'est l'heure où la circulation s'intensifie. Dans le va-et-vient général, on me remarquera moins. Parmi les gens qui se déplacent à pied, il y a surtout des femmes et des petits gosses. Je me mets dans le sillage de deux grosses Arabes voilées qui papotent en marchant sans se presser le moins du monde. C'est juste la vitesse qu'il me faut. Avec un peu de chance, de loin, on croira que je suis avec elles et on ne pensera pas à me regarder de trop près. Je dis on, je veux dire quelqu'un qui passerait en moto, par exemple. S'il y a bien une chose que je souhaite éviter, c'est une rencontre dans l'immédiat. J'ai les idées encore trop confuses. Je pense à l'interlocuteur de Staf. Je parierais que c'est un long garçon mince aux cheveux teints en blond. Ainsi donc, il est prêt à se faire taxer pour mes beaux yeux. T'inquiète pas, mon garçon, si ça ne tient qu'à moi, tu vas faire des économies.

7

De retour à la maison, je retrouve Angel comme je l'ai laissé, le nez dans une grande encyclopédie sur la vie animale que je lui ai dégottée chez Mlle Rivière.

Si je devais rester clouée sur un divan comme lui, je deviendrais enragée, mais il a l'air de bien supporter l'épreuve. Il écoute son cher Ben Harper, il regarde la télé, il lit tout ce qu'on peut lire sur les mammifères, si ça se trouve, sans les soucis que lui cause sa petite sœur il serait parfaitement peinard. Il se lève précipitamment, quand il voit ce que je ramène... ou plutôt qui je ramène.

« Moustache-ma bête ! Viens me voir ! »

Le chat Moustachat, toujours casqué de sparadrap, sort en miaulant de son panier et regarde avec stupeur où il est tombé. Il n'a jamais mis les pattes chez nous. Mais il n'a pas l'air ni inquiet, ni même désorienté. Angel lui gratte le menton.

– Comment ça se fait que tu l'amènes ici ? demande-t-il.

– Il s'embête trop tout seul là-bas. Puisque tu ne bouges pas d'ici, vous vous tiendrez compagnie... Et puis je voudrais que tu regardes s'il a bien cicatrisé comme il faut.

Mlle Rivière m'a dit de l'emmener chez le véto si sa plaie avait mauvaise allure. Mais moi, il ne veut pas que je l'examine.

Angel emmène Moustachat sur son lit, et entreprend une auscultation complète. Moustachat a tellement griffé son pansement sur le crâne qu'il l'a à moitié arraché. La gaze est sale et tout effilochée.

– Faut lui enlever, dit Angel, ça ne sert plus à rien. Passe-moi des ciseaux.

Il découpe une attache de sparadrap, et enlève au chat son pansement d'un seul coup, comme un casque. Pour la première fois, je vois la plaie, grosse comme une pièce de cinq francs, encore sanguinolente, et je détourne les yeux. Angel, lui, l'examine tranquillement.

– Ça a l'air aussi propre que ça peut être, dit-il, mais dès qu'il va se gratter, il va tout rouvrir et s'infecter... Faudrait lui mettre une collerette.

– J'en ai vu à la pharmacie, dis-je, j'y vais tout de suite.

– Oui, dépêche-toi, c'est presque sept heures...

J'en ai plein les bottes, moi. Rude journée. La pharmacie n'est qu'à deux pas, mais tout de même. Je ressors en maugréant et, bien entendu, c'est comme je ne suis plus sur mes gardes que je me fais surprendre. J'ai à peine mis les pieds hors de l'immeuble qu'une mince silhouette blonde sort de l'ombre et m'aborde résolument.

8

J'ai beau m'en douter depuis la conversation que j'ai surprise devant l'entrepôt, ça m'en bouche un coin. Qui l'eût cru, qui l'eût dit ? J'ai un amoureux.

Il s'appelle Didi, c'est le plus jeune de la bande à King Kaïra, sans doute une des dernières recrues. Pas vilain garçon, pour être juste. Et même plutôt sympa, malgré son tee-shirt ridicule où une sorte de pieuvre extraterrestre fait la roue. Pour un peu, j'aurais du mal à croire que c'est le même qui trafiquait je ne sais quoi avec Staf, cet après-midi même. En ce qui me concerne, ses intentions sont on ne peut plus pacifiques : il se présente comme un bon copain d'Angel, carrément, et me demande comment ça se fait qu'on ne le voie plus. Au début, pendant qu'il me débite son petit baratin, j'ai l'impression d'avoir la gorge paralysée : le gars Didi ne m'impressionne pas – vu de près, et tout seul, il a l'air doux comme un mouton –, mais j'ai peur d'avoir la langue trop longue.

Finalement, je réponds qu'Angel est chez un oncle. Il ne reviendra pas avant la fin des vacances. Pourquoi ? Qu'est-ce qu'on lui veut ?

– Rien, rien, fait le Didi en tout hâte, mais King n'aime pas qu'on disparaisse comme ça sans prévenir.

– Qu'est-ce que ça peut lui foutre ? dis-je, sentant revenir en moi la bonne vieille rage qui me prend chaque fois que je les entends parler d'Angel comme s'il était des leurs.

– Je sais pas, répond Didi tout décontenancé. Mais on pourrait avoir besoin de lui, ou bien, je sais pas...

– Ben, quand tu sauras, t'auras qu'à me le dire à moi. De toute façon, je suis au courant, Angel me raconte tout.

J'ai parlé au hasard, et par hasard, j'ai mis dans le mille. Voilà Didi tout soulagé de me savoir « au courant ». Du coup, il s'explique. C'est confus au possible, mais je finis par comprendre à peu près l'essentiel.

Je lui demande d'abord si c'est lui qui m'a suivie dans le bois, et pourquoi. Il devient tout rouge. Oui, c'était lui, mais ça n'avait rien à voir avec King Kaïra ni la bande, c'était juste qu'il voulait me parler, mais en même temps il n'osait pas, et puis, enfin bon, je comprenais, non ? Après, il y avait eu cette fois devant chez la vieille où Angel et moi on s'était sauvés au lieu de payer le péage. Ça, vraiment, c'était pas malin de notre part. King déteste ça, et Angel devrait bien le savoir, si moi je ne le sais pas. C'est même pas une question d'argent : on aurait donné juste la ferraille qu'on avait sur nous, pas plus, on était clean, la bande nous foutait la paix pour un moment. Quant à lui, il s'était trouvé dans le coup par hasard, ça l'avait désolé, et il regrettait que ça ait tourné comme ça. Du reste, il n'aurait pas laissé King ni personne me faire du mal.

– Mais pas moyen de te rattraper, dit-il gauchement, p..., qu'est-ce que tu cours vite !

Dans sa voix, il y a une vraie admiration. Je m'interdis d'en être flattée, encore moins émue. J'ai affaire à un pauvre crétin, à un séide du Roi des Rats, ne n'oublions pas. Pour mieux m'en souvenir, au lieu de le regarder, lui, je regarde la pieuvre intergalactique sur son tee-shirt. Elle n'a pas des yeux tout enamourés, elle.

Encouragé par mon silence, peut-être, il finit par m'exposer ce qu'il a sur le cœur depuis le début.

Si j'étais officiellement sa copine, il pourrait, en quelque sorte, arranger plus facilement les choses avec King Kaïra. Je n'aurais rien à craindre, puisque je serais sous sa protection. Bien sûr, j'aurais intérêt à faire profil bas, à montrer un peu de respect à King quand il nous mettrait en présence, il faudrait que j'obéisse au doigt et à l'œil pendant un certain temps, mais tout ça pouvait se régler et ça vaudrait mieux pour tout le monde. D'ailleurs, il a déjà expliqué tout ça à Angel, plus ou moins.

– Il t'en a parlé ? demande-t-il enfin. Qu'est-ce qu'il t'a dit ?

Mon cher frère s'est bien gardé de me dire un mot de mon amoureux. Plus cachottier que je ne l'aurais cru, le père Angel. Éludons.

– Boh, je sais plus, je dis vaguement, il m'en a parlé comme ça, j'ai pas fait tellement gaffe...

Allons bon, une grimace. Je lui ai fait de la peine. Tant pis, ou plutôt tant mieux. Qu'est-ce qu'il croit, ce voyou ? On dirait qu'il parle de me présenter à la cour. Il n'imagine quand même pas que je vais tomber amoureuse de lui, parce qu'il peut me faire rencontrer son altesse King Kaïra ? Quoique... Maintenant que j'y pense...

– Qu'est-ce que t'as ? bafouille-t-il. Pourquoi tu me regardes comme ça ?

À vrai dire, je ne le regarde pas, je réfléchis. Ça doit me faire les yeux qui brillent. Mais brusquement, je m'écrie :

– M...! La pharmacie !

J'étais sortie faire une course, moi. Le chat Moustachat attend sa collerette. Et risque de l'attendre longtemps : à cette heure-ci, la pharmacie de la place sera fermée.

– Y a celle du centre commercial, propose Didi. Elle ferme tard. Je t'emmène ?

Il me montre, appuyée contre le mur à quatre pas de nous, une bécane dégingandée, haute, plate, avec des pneus crantés comme des engrenages et un guidon en escalier. J'ai une seconde d'hésitation. Je ne suis pas plus rassurée que ça à l'idée de monter sur son engin. Ni fière : si on me voit, de quoi j'aurai l'air ?

Il faut supporter bien des choses quand on a une idée derrière la tête. Voilà comment je fais mon premier tour à moto. Au début, je suis maladroitement cramponnée à Didi, mais je sens tout de suite comment il faut que j'accompagne ses mouvements quand il prend de la vitesse. Pour tout avouer, ça me grise. Au retour, c'est tout juste si je ne suis pas amoureuse. De la moto. D'ailleurs, je donne sans hésiter rendez-vous au pilote.

Je le revois le lendemain. Et le surlendemain. Et les jours suivants. C'est ainsi, une chose entraînant l'autre, que vient le jour où je me jette dans la gueule du loup.

9

Nous étions vingt ou trente... brigands dans une bande... Tous habillés de blanc, à la mode des, vous m'entendez... Tous habillés de blanc, à la mode des marchands...

Voilà ce que je me chante tout bas, histoire de me donner du courage, le jour de ma présentation officielle à Sa Majesté. La tête de Didi n'est pas faite pour me rassurer : c'est lui qui s'est chargé de toutes les négociations, et je vois bien qu'il a une trouille terrible que ça tourne mal.

En quoi il a raison.

Une chose que je n'avais pas prévue, moi, c'est que j'aurais à ce point la pétoche. Mon beau plan, si soigneusement médité, gît en lambeaux dans un coin de ma tête. Pour ne pas céder à la panique, je m'accroche à ma petite chanson, *Nous étions vingt ou trente... brigands dans une bande...*

Dieu merci, ils ne sont pas vingt ou trente. Pour le moment, il n'y a que Staf, et deux autres qui discutent avec Didi sans me jeter un regard. Ils sont tous les deux en tee-shirt, l'un orné d'une araignée géante, l'autre d'un scorpion fluorescent. Je pense qu'ils ne me diront pas un mot tant que King Kaïra n'aura pas tranché mon cas. J'aime autant ça, je n'ai pas l'intention de leur adresser la parole non plus.

Je profite que personne ne s'occupe de moi pour examiner les lieux. Nous sommes dans le hangar derrière le *Vénus Metallica*, autant dire dans la grotte d'Ali-Baba.

On se croirait dans l'arrière-boutique d'un marchand de cycles. Partout des scooters plus ou moins démontés, des vélos de toutes les marques ; des accessoires de voitures, pneus, essuie-glaces, rétroviseurs, enjoliveurs, autoradios... Je vois aussi du matériel hi-fi, des piles de CD, quelques télés, des magnétoscopes emballés dans du plastique transparent. Au moins, on sait où on est. Il ne manque que l'enseigne : *Chez les quarante voleurs.*

J'ai le nez sur une antenne parabolique quand une voix anxieuse me fait sursauter.

– Qu'est-ce que tu fabriques ? chuchote Didi. Viens !

Je me retourne et je vois que le grand moment est arrivé. Sa Majesté King Kaïra, bras croisés sur son gros ventre, nous regarde de loin. Me regarde. C'est moi qui l'intéresse. Depuis le temps qu'il attendait l'occasion de m'expliquer la vie. Est-ce ça ou autre chose, il a l'air d'excellente humeur. Atalante, ma fille, ce n'est pas le moment de défaillir.

Didi, à côté de moi, ne fait pas le fier. J'ai presque de la peine pour lui : dans deux secondes, il va avoir une mauvaise surprise.

Son Altesse royale daigne enfin m'adresser la parole. Il dit :

– Y a un frigo là-bas au fond. Va me chercher une bière.

Et moi :

– La bière attendra. Je voudrais d'abord te parler seule à seul.

Effet instantané. Les yeux de Didi s'arrondissent d'effroi. Ceux de Staf rétrécissent, et même Araignée Géante et Scorpion fluo ont l'air de comprendre qu'il se passe quelque chose d'incongru. J'enfonce le clou.

– Je ne suis pas venue faire la bonne. Je veux te parler... en privé. T'as qu'à dire à tes potes d'aller faire un tour dehors. Et j'ajoute : J'ai un truc à te dire qui va t'intéresser.

King Kaïra hésite, mais sa curiosité est piquée. Qu'est-ce que je peux bien avoir à raconter qui me donne cette audace ? Il n'a rien à perdre à m'écouter. Dans le pire des cas, il pourra toujours rappeler ses sbires...

Il leur fait signe de s'éloigner. Didi, stupéfait, commence à protester, King Kaïra lui conseille de dégager en vitesse. Moi, j'évite de regarder mon amoureux. Tous ces jours-ci, il n'a cessé de m'expliquer combien il regrette de s'être laissé embringuer dans la bande... Il s'est même déclaré prêt à la laisser tomber, et c'est moi qui l'en ai dissuadé, en disant que King Kaïra s'acharnerait encore davantage sur moi s'il me savait responsable d'une pareille trahison... « Mieux vaut le calmer d'abord, ai-je dit. Après, on verra comment prendre nos distances... »

Mais l'heure n'est pas aux remords. Didi, furieux, annonce que si c'est ça, il fout le camp, et bonsoir la compagnie. Comme Araignée Géante et Scorpion fluo sortent à leur tour, j'entends pétarader un moteur que je commence à bien connaître. Didi tient parole, il fiche le camp. Impossible de faire machine arrière maintenant. Je suis seule avec le Roi des Rats – comme je l'ai voulu.

King Kaïra me conduit dans un recoin meublé d'un frigo et de sièges de voiture défoncés qui font office de fauteuils. Il sort lui-même sa bière, la décapsule d'un seul coup sur le coin du frigo. Un truc soigneusement mis au point pour épater son monde, sans doute. Bonjour la frime.

– Je t'écoute.

– J'ai un coup à te proposer. Un gros coup.

Il me dévisage, étonné, et vaguement amusé. Il doit se demander à quel genre de dingue il a affaire.

– Dans la maison d'une vieille chez qui je fais du ménage. Elle a un magot caché, des montres en or et des tas de bijoux. Elle me les a montrés, une fois. Y en a plein. Ça vient de son mari, qui était horloger-bijoutier... Rien que les montres, ça vaut une fortune, j'ai vu les prix dans des boutiques en ville...

J'avale ma salive, j'enchaîne. Moi c'est pas la peine que je lui en tire, je saurais pas quoi en faire, après... Je veux dire, à qui les fourguer. Mais toi, ça peut t'intéresser, non ?

Il me regarde. J'essaie de lire quelque chose dans ce regard, je n'y arrive pas. Nous nous dévisageons comme ça un moment, puis il éclate de rire.

Mais alors, comme quelqu'un à qui on vient d'en raconter une bien bonne. C'est tout juste s'il ne se tape pas sur les cuisses tellement c'est drôle.

– Un gros coup, dit-il enfin. T'es mignonne, toi. Un gros coup, une caisse de vieilles montres.

Je suis toute décontenancée, et carrément vexée quand il ajoute :

– Tu veux pas que je pique son porte-monnaie, aussi ?

– J'ai jamais entendu dire que tu crachais sur les porte-monnaie. Et la caisse de bijoux, je suis sûre qu'elle vaut plus cher que des tas de bazars comme ça.

J'ai un geste pour montrer sa marchandise.

– Ah, dit-il, tu ne connais rien au commerce.

Il allume une cigarette, s'envoie une lampée de bière, reprend la parole.

– Ici, on fait de l'occasion. Rien à voir avec les prix des boutiques. On est moins cher, forcément – c'est ça qui intéresse le client. Et les clients, faut les trouver. Dans l'occasion, les choses sans acheteur n'ont aucune valeur. Exemple, tes montres. Ma clientèle, elle est pas dans la bijouterie. Je vais pas fourguer une bague à un mec qui cherche des enjoliveurs. À moins d'avoir un amateur sous le coude, ta caisse de bijoux, elle vaut pas un clou.

Je n'avais pas prévu ça. Et je dois avoir l'air si penaud qu'il éclate de rire à nouveau. À cet instant, je comprends quelque chose d'important : le principal trait de caractère du type qui se fait appeler King Kaïra, c'est la vanité. Il est ravi, il jubile, simplement parce qu'il a pu faire son petit cours sur le commerce, et que j'ai le bec cloué. Je comprends aussi pourquoi il m'en voulait tant : ce type-là ne supporte pas qu'on n'ait pas l'air de trembler devant lui. Ne pas le prendre au sérieux, c'est commettre un crime de lèse-majesté. King Kaïra, Roi des Rats – l'important, c'est d'être roi.

Il termine sa bière d'une goulée, rote, et annonce avec satisfaction :

– Ceci dit, faut cracher sur rien, ça porte malheur. Elle est grosse comment, ta caisse ?

– Comme ça.

Je montre la dimension avec mes deux mains. Je me sens un peu rassurée : il est plus intéressé qu'il ne veut bien le dire.

– Amène toujours. Je verrai.

– Oh, mais non ! C'est pas comme ça qu'il faut faire.

– Parce que toi, morpionne, tu sais comment il faut faire ?

Je le tiens. S'agit de pas se louper, maintenant. Il écoute attentivement ce que j'expose.

Il s'agit de profiter de la dernière nuit d'absence de Mlle Rivière pour cambrioler sa maison ; je pourrais, à la rigueur, faucher une montre et quelques bagues dans le tas sans qu'elle s'en aperçoive, mais pas barboter toute la caisse, ni mettre la main sur son magot : je suis sûre qu'elle a des économies planquées dans une petite armoire cadenassée, mais j'aurais du mal à forcer la serrure toute seule... sans compter la nécessité d'égarer les soupçons.

– J'ai les clés de la maison. Alors on y va ce soir, ni vu ni connu. Demain je vais aux flics déclarer que je me suis fait voler mon sac avec le trousseau dedans. Quand la vieille rentrera, elle s'apercevra qu'elle a été cambriolée, mais moi je serai clean...

J'ajoute enfin : Toi, t'as rien à perdre dans l'affaire. Si après tu me donnes pas ma part, je l'aurai dans l'os. Je suis obligée de te faire confiance.

À voir son sourire, ce n'est pas tellement une bonne idée. Mais je n'ai pas le choix. Le plus dur reste à obtenir.

– En tout cas, j'aurai payé ma taxe, comme vous dites, et même plus. Je veux juste une chose : après, tu nous laisses tranquilles, mon frère et moi. Pour de bon. Tu considères qu'on est quitte. On ne te doit plus rien.

Il hoche la tête.

– D'accord.

– Bon. Encore une chose. J'aimerais mieux qu'on règle ça juste nous deux. Ça sera plus discret. Les autres ont pas besoin de savoir.

Le cœur me bat fort en disant cela. Tout repose là-dessus. Si jamais il se méfie, si jamais il emmène ses sbires, ça sera foutu.

Il ne me restera qu'à guetter la première occasion de fiche le camp, en espérant qu'il s'en présente une. Je joue ma dernière carte.

– À toi de dire si ça t'intéresse. Tu renvoies les autres et on y va dès que la nuit tombe.

– Hé là ! dit-il. Ici, c'est moi qui commande. On ira quand je le dirai.

Donc, on ira. Je ressens, l'espace d'un instant, un immense soulagement. Ça a marché. Jusque-là.

Il n'y a plus qu'à espérer que ça marchera jusqu'au bout. Parce que, vaniteux comme il est, si le Roi des Rats comprend que j'essaie de le rouler dans la farine, il pourrait bien devenir méchant.

Très méchant.

10

La nuit commence à tomber. Au ras de l'horizon, le ciel a son étrange couleur du crépuscule, qui va du vert sombre à l'orange en passant par le bleu indigo.

Sur le flanc de la colline brillent les lampadaires du boulevard de ceinture, où les phares des voitures font un serpent de lumière continu. Dans la zone commerciale, la circulation a beaucoup diminué. Les voitures sont moins nombreuses, plus petites, plus rapides. Au volant d'une fourgonnette, Staf conduit en souplesse. King Kaïra est assis à côté de lui : moi, accroupie à même la tôle dans la partie break, je me cramponne aux sièges pour ne pas valser dans les virages.

Pendant qu'on roule, me vient soudain une drôle d'impression. L'étrangeté me frappe de toutes ces existences dans les voitures autour de nous, de tous ces gens empilés les uns sur les autres, qui mènent tranquillement leur petite vie pendant que nous nous préparons à faire un cambriolage. Je me chante intérieurement ma petite chanson, *Nous étions vingt ou trente brigands dans une bande...* Brusquement je me demande : brigande...? Après tout, pourquoi pas ? Ça serait si facile... Il n'y aurait qu'à laisser King Kaïra piller tranquillement la maison de Mlle Rivière... Après, si ça se trouve, non seulement il nous ficherait la paix, à Angel et à moi, mais encore il me donnerait ma part...

Une petite voix cynique parle en moi. Une autre l'interrompt d'une question qui lui cloue le bec : « Et Mlle Rivière, tu lui diras quoi ? »

Quand j'ai rencontré Mlle Rivière, au soutien scolaire bénévole, on aurait cru que j'avais la tête en bois. J'apprenais rien, je comprenais rien, c'était une catastrophe. Mlle Rivière m'a appris à lire, à écrire, à réfléchir, à m'exprimer. Avant elle, tellement j'y arrivais pas, personne comprenait qu'est-ce que je dis, même pas moi. Elle m'a donné des tas de livres, elle m'a raconté des tas d'histoires.

Elle m'a confié sa maison et son chat. Le chat, en tout cas, ne risque rien, puisque j'ai pris la précaution de le mettre à l'abri chez nous. Mais la maison ? Et les bijoux : les bijoux existent, je ne les ai pas inventés, même si j'ai beaucoup exagéré les dimensions de la caisse. Il y a en particulier une bague ornée de saphirs qui me fait terriblement envie. Si je laissais King Kaïra et Staf piller la maison, ils seraient sûrement d'accord pour que je la garde. Pourquoi pas ? Qu'est-ce qui m'empêche de passer dans le camp des voleurs ?

Une autre voix se mêle à la conversation. Celle-là est terrorisée. Elle dit : « De toute façon c'est trop tard. Tu n'oseras pas. Même en admettant que tout se passe comme prévu, tu n'oseras pas appeler les flics. »

Je serre, dans ma poche, le minuscule téléphone portable que j'ai acheté hier avec l'argent du vétérinaire. La voix de la panique ajoute : « Appeler les flics, encore faudrait-il en avoir l'occasion... Tu croyais être seule avec King Kaïra, mais Staf vous accompagne... Et si tu n'arrives pas à te débarrasser d'eux ? Et si... »

Je fais taire toutes les voix d'un coup avec la complainte de Mandrin. Cette chanson, c'est encore un truc que Mlle Rivière m'a appris, au fait.

La première voleri-ie que je fis
dans ma vi-ie...
C'est d'avoir goupillé la bourse d'un,
vous m'entendez...
C'est d'avoir goupillé...

11

L'heure n'est plus aux états d'âme. Nous voilà dans le quartier de Mlle Rivière. Staf arrête en douceur la fourgonnette devant sa porte.

La rue est vide, triste, grise, tous ses volets clos sur le piapia des télés. Personne ne nous a entendus arriver, nous pouvons vaquer tranquillement à nos affaires de voleurs.

C'est moi qui ai les clés. Je sors le trousseau de Mlle Rivière, j'ouvre la porte, et je manque tomber raide.

Ça trotte dans l'escalier. Ça miaule. Ça passe entre mes jambes comme une fumée, et je n'ai que le temps de voir le chat Moustachat sauter d'un bond sur le portail et se carapater dans les jardins. Qu'est-ce qu'il fait là ? Qui l'a amené ?

Pas le temps de réfléchir. Sur le trottoir, les brigands s'impatientent. « Alors, grouille ! » King Kaïra me pousse à l'intérieur, entre sur mes talons.

– Où est la lumière ?

Il trouve tout seul le bouton à côté de la porte, éclaire la salle de séjour. C'est une petite pièce toute tapissée de livres. Il y en a des centaines, autant que dans une bibliothèque. Ça m'avait épatée, la première fois que je suis entrée. King Kaïra et Staf ne leur jettent pas un regard, ils vont tout de suite à ce qui les intéresse : la télé sur son meuble.

– Une télé à boutons ! fait Staf d'un ton dégoûté. Bonjour l'antique ! Ça marche encore, ce truc ?

– Y a un magnétoscope tout neuf, dit son chef. Même pas branché. Y a qu'à l'embarquer.

Il continue à fureter dans la pièce pendant que l'autre déménage l'engin. Ils peuvent bien voler ce magnétoscope, Mlle Rivière s'en fout. C'est un neveu qui lui a offert, elle ne l'a même jamais déballé, elle dit qu'elle ne saurait pas s'en servir, et de toute façon il n'est pas compatible avec sa télé.

– Je monte à l'étage voir s'il y a des trucs intéressants, dis-je, je reviens.

King Kaïra ne s'occupe pas de moi. Il ouvre les tiroirs d'une commode, retourne leur contenu. Voir ses grosses pattes couvertes de bagues à tête de mort dans les affaires de

Mlle Rivière, ça me galvanise. Je me précipite hors de la pièce, je grimpe l'escalier étroit qui mène à l'étage, je déplie mon portable, j'appuie sur la touche de composition automatique d'un numéro, qui sonne, sonne, sonne...

N'en finit pas de sonner. Oh ! Angel, qu'est-ce que tu fous ? Tu devrais avoir décroché déjà... Même avec ta patte bandée ! Il ne faut pas tant de temps, ce n'est pas si grand, chez nous...

Le téléphone sonne, sonne, sonne, et je dois me rendre à l'évidence : Angel, sur qui je comptais pour la suite, Angel qui ne bougeait pas de la maison a choisi ce soir entre tous les soirs pour aller se promener... Que faire, maintenant ?

Ce que je veux, c'est que King Kaïra soit pris en flagrant délit de cambriolage : pour que la police soit obligée de s'intéresser à son cas. Dès que les flics auront mis le nez dans ses affaires, je suis bien tranquille, on en sera débarrassé pour un moment. Sans doute qu'ils l'ont déjà à l'œil en attendant le moment de le cueillir. La cité est pleine de types comme lui, qui prétendent « être dans le bizness » parce qu'ils vivotent de trafics minables, petits rackets, petites combines, petits délits... Ils se prennent pour des caïds jusqu'au jour où on apprend qu'ils se sont fait gauler dans un coup un peu plus foireux qu'un autre. En tendant un piège à King Kaïra, je ne fais que précipiter les choses. Encore faudrait-il que ça marche, et rien ne se passe plus comme prévu.

Je comptais sur Angel pour prévenir les flics. À lui, j'aurais pu expliquer le minimum et le laisser se débrouiller pour convaincre la police d'envoyer une voiture au 45, rue des Maraîchers. Si je dois téléphoner moi-même, combien de temps faudra-t-il pour que j'aie le commissariat en ligne, que j'expose la situation, que les flics se décident à intervenir ? Combien de temps avant que King

Kaïra vienne voir ce que je fabrique ? Et d'abord, quel est le numéro de la police ?

Fébrilement, je tâche de composer le 17. Si ça se trouve, c'est les pompiers... Mes doigts tremblent. Ça y est... Non. Une bande enregistrée répète : « Allons donner suite à votre appel... Nous allons donner suite à votre appel... » Raffut dans l'escalier, bruit de bottes... King Kaïra arrive.

Je coupe la communication, je veux planquer le téléphone, trop tard. La porte s'ouvre, King Kaïra voit tout de suite ce que j'ai dans les mains. Il me l'arrache. De toute sa masse, il bouche la porte. Impossible de fuir. La petite voix de la panique me crie : « T'as voulu tendre un piège, t'es tombée dedans... »

King Kaïra examine le téléphone, appuie sur la touche *bis*. Le 17 s'affiche aussitôt sur la ligne de composition des numéros. King Kaïra me regarde, et dit :

– Petite s...

Il s'approche de moi. Je tente de lui échapper, je plonge vers la porte, il m'attrape sans peine, me cogne contre le mur, m'étranglant à moitié. Je hurle.

– Ferme ça, dit-il, en m'étranglant un peu plus.

À moitié asphyxiée, je tente de me débattre. Je ne fais pas le poids. S'il ne me laisse pas respirer bientôt, je vais tomber comme un chiffon à ses pieds.

La voix nous prend tous les deux par surprise. Sur le palier, la porte de l'autre chambre s'est ouverte. Mlle Rivière apparaît sur le seuil. Dans la pénombre du couloir, avec sa longue chemise de nuit d'autrefois, on dirait un fantôme. Je n'avais jamais vu comme elle a l'air maigre et fragile. On croirait qu'un souffle va l'emporter. Mais, de ses vieilles mains couvertes de taches brunes, elle tient un fusil avec l'air de savoir s'en servir.

– Lâchez-la, dit-elle, ou je tire.

King Kaïra est un rapide. En une seconde, il me fait passer devant lui, comme un bouclier. Je tâche de retrouver mon souffle, respirant à grand-peine. La gorge me fait terriblement mal. Et nous restons tous trois figés sur place, Mlle Rivière avec son fusil pointé sur nous, King Kaïra qui me tient serrée contre lui, moi qui cherche l'air comme un poisson asphyxié.

La voix de Staf monte dans l'escalier.

– King ? Qu'est-ce qui se passe ?

– Bouge pas ! crie Kaïra. Puis il s'adresse à Mlle Rivière, froidement : Si tu tires, t'as plus de chances de descendre la gamine que moi. Penses-y bien.

– Lâchez-la sans lui faire de mal, et je jette le fusil. Je jure que je le jette.Vous n'aurez qu'à partir comme vous êtes venus.

– Ça marche.

King Kaïra me lâche, je fais deux pas titubants en avant, c'est tout juste si je ne m'effondre pas. Mlle Rivière laisse glisser son fusil par terre. Sitôt qu'elle l'a lâché, King Kaïra bondit, me pousse violemment contre elle, ramasse le fusil et dégringole l'escalier quatre à quatre. La porte claque, une voiture démarre dans la nuit, c'est fini.

Ils sont partis.

Un fracas soudain. Le bruit inimitable d'un accident de voiture.

Ils ne sont pas allés loin.

Mlle Rivière et moi, nous descendons l'escalier, nous sortons sur le pas de la porte, nous regardons, nous n'en croyons pas nos yeux.

Ils ont embouti une voiture de flics.

12

Les flics avaient été appelés par un voisin qui promenait son chien. Mais le vrai responsable de l'arrestation de King Kaïra, ce fut le chat Moustachat.

Le voisin déclara qu'il était sur ses gardes depuis quelques jours. Sa femme lui avait parlé de voyous qui rôdaient, de gamins qu'elle avait trouvés dans le jardin, enfin, du louche.

Donc, M. Roboranza ouvrait l'œil. Jusque-là, le quartier avait été tranquille, mais on ne sait jamais. Le soir, lorsqu'il sortait promener son chien – un cocker noir appelé Banzaï –, M. Roboranza prenait son téléphone portable. Il l'avait en poche le soir où il repère une voiture suspecte devant la porte de Mlle Rivière.

Depuis quarante ans qu'ils habitent ici, vous pensez s'ils se connaissent. Maintenant que Mlle Rivière est trop vieille pour conduire, M. Roboranza lui sert de chauffeur à l'occasion. Ainsi, il sait qu'après avoir été absente quelque temps, elle est revenue : dans la soirée, ils sont allés récupérer son chat chez la personne à qui elle l'avait confié. Sale bête, ce chat, une plaie d'Égypte à lui tout seul. M. Roboranza déteste Moustachat, qui lui ravage ses plates-bandes et ch... dans ses semis. Il a d'ailleurs dressé Banzaï à courser tout félin qui entre dans le jardin, avec plus ou moins de succès. Banzaï n'est pas un chien sérieux. Quant à Moustachat, M. Roboranza était ravi de ne plus le voir dans le secteur ; il trouve amer de ramener lui-même l'ennemi dans la place, mais que ne ferait-il pas pour Mlle Rivière ?

Surtout qu'elle a l'air épuisée, la pauvre. De retour chez elle, elle a manifesté le désir de se coucher le plus tôt possible, ayant beaucoup de sommeil à rattraper. Il n'y a donc aucune raison honnête pour que stationne devant chez elle, à point d'heure (point d'heure, c'est après le film télé, quand M. Roboranza promène Banzaï), une fourgonnette suspecte, forcément suspecte, éminemment suspecte.

Du croisement de la rue des Maraîchers et de la rue Sardine, M. Roboranza, planqué dans l'ombre d'un portail, voit un type sortir de la maison Rivière en portant dans ses bras quelque chose d'encombrant. Pas de doute, c'est un cambriolage. Sur son téléphone portable, M. Roboranza compose le 17. Il presse la police de faire vite, et la police fait vite... Pas tout à fait assez vite cependant, et elle aurait manqué son coup sans le chat Moustachat.

Le chat Moustachat, on le sait, est longtemps resté enfermé, si bien qu'il n'a qu'une idée en tête, retrouver le bonheur de ch... en liberté sous la nuit brune, dans une platebande de terreau bien ratissée. On a vu comment il s'esbigna de la maison Rivière dès que la porte en fut ouverte. Il est donc dehors à l'instant fatal, en vadrouille dans le quartier, et il flanque à M. Roboranza tapi contre son portail une trouille du diable en bondissant brusquement sur un des piliers. Déjà que M. Roboranza est nerveux... Il a appelé les flics il y a un siècle, ils devraient être là, c'est bien la peine de payer des impôts ! Les bandits vont s'enfuir ! Cet animal maléfique, c'est un signe ! Tout le monde sait bien que les chats noirs portent malheur... Bon D...! Ça y est ! Les brigands s'en vont ! Juste comme les flics arrivent !

Des lumières tricolores clignotent au bout de la rue Sardine mais, dans la rue des Maraîchers, la fourgonnette suspecte a déjà pris de la vitesse... Ils vont se croiser, tout bonnement, et ce sera trop tard !

C'est alors que Moustachat s'en mêle. Il bondit à travers le carrefour, le cocker se jette à ses trousses, M. Roboranza crie : « Banzaï ! Banzaï ! » la voiture des flics se déporte à gauche pour éviter les animaux, à l'instant où la fourgonnette des brigands prend le virage sur les chapeaux de roues...

Lesquels brigands éprouveront un immense sentiment d'injustice en voyant qui ils ont embouti, sans même être en faute. Si les keufs se mettent à rouler à gauche, où on va ?

La petite cérémonie des papiers, assurances, constat amiable, etc., est mal engagée ; surtout quand on n'a ni papiers, ni assurance, ni même permis ; qu'on est bien sonné parce qu'on s'est cogné la tête dans le pare-brise, vu qu'on n'avait pas sa ceinture. Et ce fusil, là, c'est quoi ? Oh rien, msieur l'agent, c'est juste pour descendre des chats, on rigole...

Dès que les flics virent le fusil, King Kaïra et son acolyte étaient faits comme des rats. Encore eurent-ils le bon sens de ne pas tenter de s'en servir : le fusil était vide, les armes des flics pas. Arrestation dans les règles, menottes et tout. M. Roboranza, voyant que les flics avaient arrêté les brigands en fin de compte, sortit tout haletant de sa cachette leur raconter le reste.

13

— Ma petite Atalante, dit Mlle Rivière, ta témérité m'effraie. Te rends-tu compte des risques que tu as pris ?

Je viens de lui raconter toute l'histoire. Elle m'a écoutée sans m'interrompre une seule fois, tout en préparant des gaufres. J'adore les gaufres. Dehors, il fait un grand soleil, et si ce n'était pas le dernier jour des vacances, tout irait à la perfection.

– À quoi ça a tenu, Seigneur ! Si je n'étais pas rentrée plus tôt que prévu, par le plus grand des hasards... Rien que d'y penser, j'en suis malade !

– La fortune chourit aux audachieux.

– Pardon ?

J'avale ma bouchée, je répète :

– La fortune sourit aux audacieux. C'est un proverbe que vous m'avez appris.

– Je ne te l'ai pas appris pour t'encourager à faire n'importe quoi ! Quand je pense que tu aurais pu être blessée par ces voyous... Qu'est-ce qu'ils deviennent, du reste ? Tu le sais ?

Je hoche la tête. Dans la cité, les nouvelles vont vite. L'arrestation de King Kaïra a été rapidement connue, d'autant plus qu'elle a eu des retombées spectaculaires sur tous les malfrats du coin. King Kaïra s'est mis à table, comme on dit. Dès que les flics l'ont interrogé, il a balancé ses complices, il a révélé ce qu'il savait des trafics en cours... Toute une racaille de dealers, voleurs, receleurs et autres crapules a eu des ennuis à la suite de ses dénonciations. Du coup, on peut être tranquille : la police ne le gardera peut-être pas longtemps, mais il fera chaud avant qu'il revienne rouler sa caisse dans la cité, où beaucoup de gens l'attendent pour lui faire sa fête... Voilà pourquoi je suis de si joyeuse humeur : quoi qu'il arrive, le règne de King Kaïra est terminé.

Un à qui ça va changer la vie, c'est Angel. Il fallait voir sa tête quand je lui ai annoncé l'arrestation du Roi des Rats : un air de bonheur comme je n'aurais pas cru possible. Il disait : « C'est vrai ? Tu en es sûre ? » Puis il m'a prise par le cou et c'est tout juste s'il ne pleurait pas d'émotion : « Tu peux pas savoir ce que ça m'a fait de te voir fréquenter Didi... Le souci que je me suis fait... J'avais tellement peur que tu tournes mal ! »

Ça c'est la meilleure !

– Et ton amoureux, au fait ? demande Mlle Rivière. Tu en as des nouvelles ?

Je hoche la tête. Comme tous les membres de la bande, Didi a été interrogé par la police, mais l'enquête n'a pas été plus loin. On l'a trouvé trop jeune, sans doute, pour être vraiment compromis. Il sait qu'on le tient à l'œil, ça lui évitera peut-être de se lancer dans d'autres sottises...

– Et avec toi ? demande Mlle Rivière. Il a une chance ?

Je secoue la tête. Pauvre Didi. Il est gentil, d'accord... Et il a arrêté de mettre ses tee-shirts ridicules. Mais enfin... Je rigole dans ma gaufre et je dis :

– Vous savez bien... C'est vous qui m'avez raconté l'histoire d'Atalante. Le jour où je tomberai amoureuse, ce sera d'un garçon capable de me battre à la course. Autant dire que c'est pas demain la veille.

– Tu lui as dit ?

– Oui.

– Et alors ?

– Il s'entraîne.

Ça me rappelle la course « Jeunesse voyageuse », qui aura lieu bientôt. Aujourd'hui, je me sens dans une forme à gagner toutes les courses du monde... Et puis, je mérite bien une sorte de récompense, non ? Ça ferait un joli, un joli... comment on dit, déjà ?

Je termine ma gaufre en deux bouchées et je demande :

– Il n'y a pas un mot pour dire qu'une histoire finit bien ?

– Si, dit Mlle Rivière. C'est : un épilogue heureux.

souris noire

Dans la même collection

30 Aladdin et la gare de Norvège
Marie et Joseph

31 Ninon et l'homme en noir
Alix Clémence

32 Tonton Émile
Olivier Mau

33 Le Problème de la cellule 13
Jacques Futrelle

34 Rock machine
Marc Villard

35 Le clone noir
Jocelyne Sauvard

36 Aladdin et la course au caillou
Marie et Joseph

37 Mongo et les sorciers
George Chesbro

38 Fonds perdus
Marc Menonville

39 Cimetière aux étoiles
Pierre Pelot

40 La peur au ventre
Hervé Mestron

41 Taisez-vous, s'il vous plaît
Louis Sanders

42 Dans son habit de lumière
Alix Clémence

43 Le cheval fantôme
Stéphanie Benson

44 Le baiser du serpent
Thomas Scotto

45 L'enlèvement du bébé Blake
Jacques Futrelle

46 Classe foot
Jean-Jacques Busino

47 Tigre ! Tigre ! Tigre !
Jean-Hugues Oppel

48 La disquette du G.R.A.A.L.
Mano Gentil

49 Le châtiment de la déesse
Monique Agénor

50 Vol sans effraction
Marie-Florence Ehret

51 Et hop ! Hip-hop !
Prof' Lu

[redacted]

Achevé d'imprimer sur les presses de

BUSSIÈRE CAMEDAN IMPRIMERIES

GROUPE CPI

à Saint-Amand-Montrond (Cher)
en février 2001

Composition : D.V. Arts Graphiques
Conception graphique couverture :
Didier Thimonier
Dessin de la Souris noire : Lewis Trondheim
Typo dessinée par Anne Ladevie
N° d'impression : 010491/1. Dépôt légal : janvier 2001.
Loi n° 49.956 du 16 juillet 1949
sur les publications destinées à la jeunesse